AF404255

V.-E VEUCLIN

Correspondant du Comité des Sociétés des Beaux-Arts, etc., lauréat de Sociétés savantes.

GLANES HISTORIQUES

SUR LE

Canton de Broglie

BERNAY

IMPRIMERIE E. VEUCLIN

1890

(1)

Documents manquants (pages, cahiers...)
NF Z 43-120-13

DE LA PAGE   1
A LA PAGE   4

— 5 —

Morand, s^r des Hauts-Prez, vicil e.

1er mars 1715. Bail par la Charité à P.
Gueroult, pour 9 années, de 3 pièces de t.,
l'une en nature d'herbage et jardin (3 vergées) et les 2 autres en labour (chacune
une demie acre), moyennant 11 l. par an.

1744. Saint-Martin de Broglie ci-devant
Chambrais.

1748. Registre des Revues faites par M^r
le Duc de Broglie, maréchal des camps et
armées du Roy et Inspecteur général de son
Infanterie, pendant l'année 1748. (107 ff';
reg. des appr. des grains à Bernay, an 13-
1808)

23 nov. 1716. François de Broglie, comte
de Buchy, lieutenant général des armées du
roi, inspecteur de la cavalerie et dragons,
acquéreur de la baronnie de Ferrières, en
rend foi et hommage.

1750. B. de la fille de François-Guillau-
me-Antoine de Reignard, esc^r, s° de Busc
et de Marie-Madeleine-Françoise Daureville. Parrain : Pierre-Eustache Daureville,
ec^r, s^r de la Pilette; marraine : Marie-Madeleine Dirlande do Louvigny, dame et pa-
tronne de la Folletière.

1749. Jean de Kerny, officier dans le régiment de Broglie et capitaine des chasses
du seigneur duc de Broglie.

1763. Charles de Broglie, prêtre, docteur
en théologie de la Fcaulté de Paris, abbé de
N.D. de la Chalade, ordre de Citeaux.

27 mars 1767. Seutant la nécessité d'aug-
menter le nombre des gardes des plaisirs,

chasses, plaines, eaux et forêts de son du-
ché, pour arrêter le cours des délits de toute espèce, le duc nomme 2 gardes en plus.

1769. Jean-François Le Hugec de la Ha-
monnais, prêtre, précepteur de M. le com-
de de Revel.

Il y a une brigade de maréchaussée.

5 févr 1763. L'abbé François de Beau-
villiers, clerc tonsuré et précepteur de M.
le comte de Broglie, est trouvé mort dans
sa chambre; il était originaire d'Etampes.

1776. Auberge du Cheval blanc.

30 mai 1789. Pèlerinage par 17 frères S.
Michel. Drapeau peint par Descours fils.

1787. Alexandre Couturier, conducteur
de l'atelier de charité de Broglie.

7 février 1790. M. Auzoux, notaire et ci-
devant syndic de la municipalité, est élu
maire ; le 4 mars, il présente une réponse à
un libelle critique du sieur Mérimée ; il est
question de Fresnel, architecte, son beau-
frère. — La municipalité fait imprimer à
Lisieux la réponse de M. Auzoux (in-8°
de 12 pages.) — Auzoux, notaire depuis le
28 août 1771.

20 avril 1792. Action en justice de paix
par la fille de Jean Morel contre la veuve
Alexandre Oursel qui lui a arraché son bou-
quet du plat de la Vierge en quêtant, l'a dé-
chiré et jetté par terre dans l'église en la
traiinnt de voleuse ; la veuve Oursel con-
damnée à réparation et 3 francs d'amende.
— 10 août. Action de François Deraine,
maître d'école, contre Pierre Legras, bou-

ranger, pour injures publiques. — 31 août. Procès pour cocarde nationale.

2 oct. 1792. Robert Lindet, député, écrit au procureur-syndic de Bernay une violente lettre contre M. de Broglie, qui commande un corps d'émigrés ; il prescrit la vente immédiate de ses biens.

8 mars 1793. Lecomte, président de la Société des Amis de la Liberté et de l'Égalité, Levêque, secrétaire ; lettre à la Société de Bernay sur l'utilité des Sociétés patriotiques et demande d'affiliation.

— 3 oct. Antoine Lieuvin, président, J. Beaudrouet, secrétaire du Comité de surveillance. Lettre à la S. P. de Bernay : désunion dans la S. populaire ; demande d'épuration.

— 14 ventôse. La S. P. veut tenir séance malgré le C. de S. et retenir les registres et effets ; on en vient aux coups ; le juge de paix est rayé de la S. Lettre du C. de S. à la S. P. de Bernay pour faire cesser ces troubles.

— 29 août. Un libelle intitulé : « J.-L. Duval, juge de paix du canton..., aux administrateurs du département... » est distribué dans le bourg et les villes voisines. La S. P. dont Levêque, curé constitutionnel est président, arrête que ce libelle attaquant 2 citoyens du lieu, sera brûlé le lendemain.

— Septembre. Deschamps, commissaire-rédacteur de la S. républicaine, adresse à la S. P. de Bernay un extrait de ce qui s'est passé à la séance du 29 août concernant le

libelle diffamatoire et calomnieux contré
d'honnêtes citoyens qu'il ne nomme pas
mais qu'il désigne par leur profession... La
S. est bien épurée, il n'y a plus que des
sans-culottes qui tous périroient plutôt que
de consentir à retomber sous le joug des ty-
rans. — 15 septemb. La S. P. de Bernay
approuve cel'e celle de Chambrais ; Duval
sera obligé d'évacuer son territoire et sera
remplacé comme juge de paix.

— 4 oct. Lettre du maire, Dutheil, au p^r
syndic du district, à propos de la dénoncia-
tion qu'ils ont faite contre le curé.

25 brum. an 2. La fête civique qui a eu
lieu a été charmante. Tous les patriotes ont
tendu les bras aux représentants et ceux-ci
ont promis solennellement de n'avoir plus
avec la S. républicaine qu'un même cœur
rempli de l'amour de la Liberté et de l'É-
galité. Nous ne sommes plus qu'uue famille
d'amis qui ont tous le même but : celui de
l'intérêt général. — Lecomte, président,
Deschamps et Deraiue, secrétaires de la S.

— 24 frim. La S. R. demande l'affiliatio.
avec celle de Lisieux.

5 pluv. Lettre de la S. R. à celle de Bernay pour lui signaler un arrêté injurieux
pour elle. « Depuis quelque temps, nos séan-
ces ont été très orageuses ; la raison en est
que quelque précaution que l'on prenne, il
s'est glissé partout de faux patriotes. » 12
sans-culottes signataires.

— 10 pluv. La S. P. de Bernay arrête
que les 4 commissaires qui se sont déjà

transportés à Chambrais y retourneront et emploiront tous les moyens pour y rétablir le bon esprit et les vrais principes républicains dans le cœur des citoyens égarés.

20 ventôse an 2. Epuration de la S. R. ; les exclus se plaignent et protestent. Vu la désunion qui existe, la S. P. de Bernay écrira aux parties et chacune nommera 3 arbitres.

— 28 ventôse. Scellés. dans l'église, sur les portes et fermetures renfermant les linges et ornements du culte. — Jean-Baptiste Levêque, desservant, etait parti.

— 29 vent. La municipalité arrête que les 2 cloches seront descendues ainsi que les 2 flèches : 12 hommes de la garde nationale seront requis pour inhumer les morts, il a aura un tambour et un officier municipal muni de son écharpe. — Michel Chauu, maire.

— 30 ventôse. Lettre de la S. P. à celle de Bernay : « ... Le flambeau de la discorde est entièrement éteint dans la Société par l'épuration qui en a été faite. Ils ont fait un autodafé, le 26, des « pautaude » du citoyen Levêque, ci-devant curé. Nous avons adopté le culte de la Raison... » — Beaudrouet, président, J. Beaudrouet et P. Pichot, secrétaires de la S. P.

— 1er germinal. La boulangerie du château est donnée à Pierre La Bigne pour la fabrication du salpêtre.

— 3 germ. Les cloches seront descendues sans être cassées ; Nicolas Ruault est

adjudicataire pour la seconde et dernière
cloche moyennant 78 livres; descente dans
8 jours. - - Les 2 croisés ou flèches qui sont
sur les 2 clochers seront descendues afin
que les fleurs de lys qui y sont disparais-
sent et que les 2 branches faisant croix
soient coupées à rase de la branche droite ;
Jacques Nolent s'en charge moyennant 90 l.

— 7 germ. La municipalité arrête qu'il
y aura un petit drapeau tricolore à la queue
du coq de dessus le temple de la Raison, à
la plus haute flèche, et à la plus basse un
bonnet de la liberté.

— 8 germ. Apposition de scellés en la
maison d'Éléonor Fournier, ci-devant curé,
déporté à Evreux, — A.-M. Chanu, maire.

— 9 germ. Les officiers municipaux de-
mandent au directoire du district un prédi-
cateur pour prêcher les harangues et mora-
les républicaines, pour les jours de décadi
afin d'inspirer à tous les individus l'amour
de la patrie.

— 11 germ. Deraine instituteur provisoi-
re depuis le 23 pluviôse, est installé

— 20 germ. 6 commissaires présents à la
séance de la S. P. de Bernay assurent que
l'épuration dernièrement faite y a rétabli
le calme et l'union.

— 29 floréal. Deraine, instituteur et
membre du conseil général de la commune,
porte plainte, par écrit, contre Levêque, ex-
calotin, aussi membre de la municipalité.

— 39 mai. Difficultés pour fabriquer le
salpêtre.

— 12 fruct. 2 petits libelles ; Deraine en possède un. — Le château appartient à la nation.

21-26 frimaire an 3. Vente au profit de la nation du mobilier de Fournier, ex-curé, reclus ; de Guillaume Toutain, ex-curé, déporté ; de Chevreuil.

1er therm. an 3. Levêque, ancien vicaire de la Couture, déclare vouloir exercer le culte catholique. — Le 15, même déclaration par Léonor Fournier, ancien curé du lieu, âgé de 81 ans.

20 vend. an 4. Deraine, instituteur, remet à la municipalité les objets appartenant à la Société populaire : 1 bonnet rouge et le sceau.

14 floréal an 4. Il n'existe plus d'arbres de la liberté à Chambrais, Saint-Mards-de-Fresnes, les Jonquerets, Landepereuse, Livet, Ferrières, le Bosc-Moret, St-Vincent-la-Rivière, St-Jean-de-Thenney, St-Nicolas-du-Bosc-l'Abbé ; ordre que, le 26 courant, il sera planté, avec toute la solennité possible, un arbre de la liberté.

Ans 4 et 5. Fêtes civiques ordinaires.

8 frim. an 6. Les arbres de la liberté sont coupés.

— 11 niv. Ordre d'observer les décades.

— Fêtes civiques en l'an 6.

1795. Maire : Jacques Léonor Bunel, ancien avocat.

Ancienne Porte de Bernay.

Curés inhumés au cimetière : Lenfant, 70 ans ; Claude Mitâtre, 1836 ; Desmonts, 1833.

St-VINCENT-LA-RIVIÈRE

1664. M° Jacques Peullevey, curé, inhumé le 5 mai 1680, par Guillaume Enguerrand, curé de Mailloc et doyen d'Orbec, en présence de Robert Leforestier; eseʳ, sʳ du Millay...

3 nov. 1680. Prise de possession de la cure par Gabriel Depierres. — Robert Vallée, vicaire.

1681. Jacques de Carron, prêtre cordelier.

8 septemb. 1686. Assemblée des paroissiens pour nommer 1 collecteur pour la haute échelle et 1 pour la basse échelle..., auxquels ils ont donné pouvoir d'asseoir sur chacun d'eux au plus juste que faire ce poura et à leur âme et conscience la somme à laquelle leur paroisse sera imposée. (5 signatures et 4 marques.) — Alexandre de Costard, sʳ de Griffonrière.

Lieux dits : Le Bois-Marnoult. La Hagnère. La Blaquetière. La Hartaudière. Le Moulin à papier. Les Prés Saint-Just. Les Prés de Guenet. Guenet. Le Bois de Guenet Les Bruyères Gallot. Les Landes Pitard. La Cahignière. Les Bruyères des Nerveaux. Le Bois et les Prés du Millet. Le Millet. Le Bois du Moulin de Guenet.

CAPELLES-LES-GRANDS

1689. Procès entre Mathieu Bance, officier dans la vénerie du roi, et les habitants à propos de l'exemption de taille à laquelle

prétend Bance. — 10 nov. Sentence mainte-
nant Bance taillable à Capelles. (Notes C.
Després)

8 oct. 1689. Délibération des habitants
pour imposer à 1 sol par livre sur toutes les
impositions de la paroisse, afin de faire sub-
sister le chevalier de la Barre. (N. D.)

Même jour. Nomination de Charles Hour-
det soldat de la milice ; cotisation des habitants pour lui donner une somme de 30 l.
il est déchargé des impôts ainsi que son père. (N. D.)

1695. Thomas Le Franc, curé.

6 mai 1697. Date de la croix du cimetière.

30 mars 1699. Nicolas de la Plesse, curé
est inhumé dans l'église. - André Gueroult,
vicaire,

7 oct. 1725 (?). L'abbé Claude-Henry de
Voisenon, prieur du prieuré de St-Nicolas
de Maupas, nomme Pierre Le Bourg garde
de ses bois, pêche et chasse.

1749. Replacement de la croix du cimetière.

1763. Louis-André Le Boullenger, chev[r]
sgr en partie de Capelles, chev[r] de St-Louis

1770. Procès entre le prieuré et le seigneur. Mémoire imprimé pour le prieur.

22 juillet 1792. Arrêté municipal pour
le bon ordre pendant les offices : sentinelles
dans l'église ; fermeture des cabarets, etc.

— 16 sept. Un grand nombre d'habitants
marque le désir de brûler les titres des ci-
devant nobles repostés dans plusieuts char-

friers... Nobles : MM. Querrière de Boisde-
laval : Boullenger ; La Pilette.

— 17 septemb. Perquisition chez le s^r de
la Pilette, lequel est forcé d'abandonner ses
titres avec plusieurs figures de cordons bleu
et rouge. pour éviter une plus grande re-
cherche et dommage. — Les s^{rs} de Bois-
delaval et autres remettent également leurs
titres de noblesse et aveux. Tous ces titres
sont déposés au secrétariat et mis sous
scellés.

13 oct. 1793. Brûlement des titres féodaux.

4 frim. an 2. Il avait été accordé au citoyen Savary une somme de 26 l. pour détrui-
re les fleurs de lys de la croix posée sur le
clocher de l'église, mais il ne peut qu'arracher seulemedt 4 fleurs qui sont au bas de
la dite croix et ne reçoit que 15 l., sous la
condition qu'il détruira totalement les cou-
ronnes et croix de St-Louis qui sont ès vi-
tres de l'église.

Confrérie du Saint-Sacrement érigée en
1564.

20 vent. an 2. Plantation d'un arbre de
vie.

Biens communaux : le friche de Behue,
mare et chemin, 2 arpens ; le friche de la
Villais, marais et chemin, 9 ou 10 perches ;
la commune du Mouchel, marais, 5 perches ;
la commune de Chaumont, 2 mares avec 1
chemin, 10 à 12 perches.

15 thermid. an 3. Il n'y a plus d'instituteur. Marguerite Haubert femme de Nicola;

Simon, est institutrice ; aucun élève n'a fréquenté son école.

20 vent. an 4. Une lettre de menaces est déposée sur le bureau ; elle est adressée a M. Butel, de la paroisse de Capelles, et signée : « Le capitaine des chasseurs de la seconde compagnie du roi. »

An 5. Population : Hommes, 239 ; femmes, 248 ; garçons, 236 ; filles, 234 ; défenseurs de la patrie vivants, 22 ; id. morts, 20

30 frimaire an 9. Jean Cocaigne déclare avoir l'intention d'ouvrir une classe pour l'instruction particulière des enfants qui voudront bien prendre ses leçons.

15 nov. 1833. Délibération concernant l'école. 970 habitants, dont 70 enfants.

1610. Premier registre paroissial. — 2 portions de cure.

Avril 1614 Déclaration des rentes, revenus et héritages osmonés au thésor de l'église... « ... Item fault en lad. esglise grand nombre de cyre...., mesme aussy fault . du linge, calice et ornements, libvres, à cause que icelle esglise a esté ruynée et desrobbée par les huguenotz larrons et gens de la neuvelle oppinion, mesme aussy la couverture masonnâge et portail dicelle esglise presque toute ruynée et abbatue ...., pourquoy fauldrait pour toutes les choses devant dites la somme de cent escus... » (Tabel. de Bernay.)

LE CHAMBLAC

1621. Premier registre paroissial.
1671. Nicolas Le Jeune, curé.
1673. Simon Delaunay, »

1er janv. 1719. Les paroissieus assemblés en nombre de général, nomment un syndic de la communauté, pour 3 ans.

3 janv. 1723. Les paroissiens approuveut le rtavail que le curé a fait faire aux ornements de l'église; témoins : Jacques de Bonneville, escr, sgr dud lieu et patron du Ch. Jacques Edward de Bonneville, escr.

23 septemb. 1787. Nomination d'un syndic et des membres de l'assemblée municipale.

28 septemb. 1788. On décide de faire réparer la croix du cimetière.

1789. Cahier de doléauces. — Chapelle St-Nicolas.

1790. Marguerin Bergeron, curé. Revenu : 2.725 l., charges à déduire, dont 1 viicaire pour l'aider à desservir 12 hameaux ; 450 âmes environ ; 150 pauvres.

7 oct. 1792. Le curé Bergeron prête serment. — 460 habitants.

19 germ. an 2. Etat des meubles de l'église.

LA CHAPELLE-GAUTHIER

Avant 1639. Mort de Nicolas Descorches, sr du Boscguéret, marié à Jehanne le Conte, demeurante au Chamblac.

7 fev. 1764. Décès de Mgr Charles-Ale-

xandre Lefilleul de la Chapelle, évêque et comte de Vabres, dans la 88ᵉ année de son âge et la 54ᵉ de son épiscopat. (Dalle tumulaire dans le chœur de l'église de la C.)

1765. François-Marie Lefilleul de la Chapelle, chevʳ, sgr et baron de Montreuil, sgr et patron de la Chapelle-Gauthier, St-Jean-du-Thenney et autres lieux.

1765-1772. — Procès entre Mᵉ Charles du Hamel, curé, et ses héritiers, d'une part, et le général des habitants, d'autre part, à propos de la réparation du chancel.

Délibérations à ce sujet : 9 déc. 1764, 3 mars, 12 mai, 4 septemb. 1765.

6 mai 1766 et 24 déc. 1767. Sentences du baillage d'Orbec donnant tort aux habitans; ceux-ci interjettent appel.

28 févr. 1768. Devant le notaire de Broglie, délibération du général des habitants sur l'exécution ou l'inexécution de la dite sentence. Pouvoir est donné au sʳ Etard de poursuivre le procès.

1769. Mémoire imprimé pour les héritiers du curé ; ils ont toujours gain de cause. 16 septemb. 1772. Dernière sentence. — Etard paie en frais 8,633 livres. (Tabel. de Bernay. 2 dessins de l'ancienne église font partie du dossier).

14 févrʳ 1790. Formation de la municipalité. Le Filleul comte de la Chapelle.

— 28 févrʳ. Remise des titres ; il est dit que le registre des délibérations s'est trouvé perdu lors de la levée des scellés apposés au presbytère lors de la mort du curé.

Le curé actuel déclare que n'étant établi
que du mois de janvier dernier, il ne connaît pas le bénéfice-cure ; il s'en rapporte
aux officiers municipaux. Revenu de la cure estimé 3 à 4.000 l. Aumônes : 160 l. de
revenu, frais à déduire. Déclaration de l'abbaye de St-Evroult. -- Estimation des biens
ecclésiastiques : I pré de noe, 5 vergées, appartenant à la cure, 1800 l. Une petite bas-
se-cour en mauvais fond, une demie acre.
Salandre, curé.

--- 14 juillet. Fête de la Fédération. Serment civique par le curé et Housset, vicaire.

--- 26 septemb. Défense au curé de donner la qualité de Monseigneur à M. l'évêque de Lisieux.

14 juin 1791. L'abbé Godel est curé.

--- 14 juillet. Prêtent serment : Mme de
la Chapelle, douairière ; M. Le Filleul de la
Chapelle et son épouse ; Salandres, ci-devant curé.

--- 27 nov. François Deraine, maître d'é-
cole et ci-devant clerc.

9 mars 1792. Bernay demande secours ;
départ de 47 citoyens et 2 officiers.

--- 20 mai. Inventaire du mobilier de l'é-
glise. (f° 141)

--- 29 juin. On plante un arbre de la liberté.

--- 7 septemb. Inventaire des biens des
émigrés : M. Le Filleul de la Chapelle, &c.
-- Le 11, des volontaires enlèvent, au château, les armes et des chevaux --- Le 16, ou-

verture du chartrier et brûlement des titres
féodaux.

--- 6 nov. L'échevin de la Charité remet à
la municipalité les titres de cette confrérie.

25 vend. an 6. Arrestation de M. Le F.-
lleul.

1627. Premier registre paroissial.

SAINT-LAURENT-DES-GREZ

8 janv. 1780. François Desruaux, emplo-
yé dans les aides, est assassiné, par un coup
de fusil, à la porte de la bouillerie de Michel dit Descouture, près la ferme de la Harillière. Mémoire imprimé.

1789. Adrian de Thiesse, s^r de Montfort,
habite St-Laurent. — François-Christophe
Daureville, chev^r, sgr et patron de St Lau-
rent-des-Grés, la Harillière, Lassier, Vaux &
autres lieux, ancien et premier capitaine c^l
du régiment de Berri-Infanterie, cheval^r de
St-Louis, demeurant en sa terre de la Bel-
tière, à Melicourt.

1790. La cure posséde dans la paroisse
de la Chapelle-G. 5 vergées de terre labourable en titre d'aumône, estimées 800 livres.

FERRIÈRES-SAINT-HILAIRE

1628. Premier registre paroissial. Michel
Desamaison, curé. César de Masy, marteleur
de la forge.

5 nov. 1694. Colas Leprince, curé, 56 ans
inhumé dans le chœur.

1719. Saint Illaire de Ferrières.

1753. Procès entre Teneguy de Cordey, éc', s' de la Roque, demeurant à la Chapelle-G.,et Jean Neuville, meunier du moulin du Prey, à propos du droit de banalité.

1750. Mort de Pierre Rogère, curé, 65 a.

1760. Mort de Guillaume-Adrien Lamidey, curé, 50 ans. Mort de Nicolas Lecoq, vicaire. 1765. Mort de Jacques Dehau. curé, 50 a.

27 janv. 1766. Charles de Soligny' maître de forges, 52 ans, inhumé dans l'église.

1712-13. Épidémie.

An 2. Aubert, curé, déporté; vente de de ses meubles.

LA GOULAFRIÈRE

Siège d'une haute justice.

1650. Premier registre paroissial.

1669. Confrérie du St-Sacrement.

1698. Antoine de Laval, journalier, est enlévé de force et avec violences par Claude de Bocquencey, écuyer, sieur de la Vermondière. Procès au siège de Montreuil. Mémoire imprimé pour Delaval, en 1700.

1695 Extrême misère des Taillables. (8 p. in-f°, s. n. d'i.)

1703-05. Procès entre Jean-Baptiste Thibout, curé, et le dit s' de la Vermondière, « lequel s'est rendu la terreur de son canton » et est condamné pour accusation fausse contre le curé. Factum imprimé p' le curé

16 mai 1720. Lots entre les 3 enfants de feu Gabriel du Chapelet, chev', seign' de Maillebois, patron haut-justicier des parois-

s·s du Sap-André et de la Goulafrière. Cet-
t terre vient à Jacque-Rodolphe du Chapelet, écuyer, lequel a droit de banc et rang
à l'église.

1772. Cally, vicaire.

15 mai 1791. Le curé devant être remplacé, à cause de son refus de serment, il demande un délai pour chercher un asile

— 2 juin. Adjudication des bois provenant
de la cour de l'école pour 225 l. 15 sols.

— 12 juin Naudin, maire et curé, prête serment, « se rés rvant à tout ce qui pourroit
porter atteinte au dogme et à la puissance
essentielle de l'Eglise. » Jean-Baptiste Lé-
ger, vicaire, refuse le serment. -- Départ du
curé Naudin et du vicaire. — Construction
d'une maison commune dans la cour de l'é-
cole.

18 avril 1792. Projet de fondre 2 cloches
— Querelles religieuses. — La demoiselle
du Chapelet refuse de rendre le pain bénit
dont elle a accepté la pièce ; proposition de
la citer en justice de prix.

— Deshayes du Tremblay.

1619. Date d'une dalle tumulaire dans la
nef.

GRANDCAMP

13 mai 1677. Fondation au trésor par Jac
ques Coulon, prêtre ; 8 l. par an pour les
pauvres

31 oct. 1739. André Couture, curé, docteur de Sorbonne. 68 ans, inhumé. — De
Margeot, curé. Caillé, vicaire.

1719. Claude Dabost, esc', sgr du lieu.

15 mai 1746. Inh., dans l'église, de Nicolas de Bonnechose. 70 ans. — Louis-Gaston de Bonnechose, fils du défunt.

19 déc. 1747. Inh., dans l'église, au pied de l'autel de St-André, de noble dame Marie-Anne de Mainteternes, dame du Parc et de Toussue, épouse en secondes noces de François-Aignan de Margeot, esc', s' de St-Ouen, Descorches et de la Marcandière, 71 ans.

25 août 1759. B. de Louis-Gaston, fils de Louis-Caston de Bonnechose et de Marie-Catherine Descorches.

25 octob. 1762. Mar.age de Charlotte de Bonnechose et de Thomas Boisset.

20 septemb. 1764. Inh. de Mme veuve L'.-Jacques Dirlande.

10 nov. 1766. Inh., dans l'église, de Marguerite-Catherine Descorches, 48 ans, épouse de Louis Gaston de Bonnechose, éc', sgr de la Boulaye, du Bosguéret et autres lieux.

1772. Jacques-Claude-Pierre Dabos, cheval', sgr du fief et terre du Plessis, sgr patron présentateur alternatif de Grandcamp.

Août 1792. De Bonnechose, maire.

28 prair. an 2. Agnar.-Henry Bonnechose, 50 ans, taille 5' pieds 5 pouces, replet, visage carré et plein, yeux gris-bleu, nez moyen et pointu, bouche petite et enfoncée, cheveux chatain-gris, sourcils bruns ; demeure à Grandcamp depuis plus de 10 ans sans interruption. Signe : Bonnechose.

24 vend. an 6. Ordre d'arrêter Bonnecho-

sc, ancien of^r de dragons ou cavalerie, frè-re de l'agent ou ancien agent de Grandcamp émigré rentré, ainsi que le comte de Mon-treuil, à la Chapelle-G.; ce dernier cher-chait à effrayer les acquéreurs de leurs biens et à s'attirer les paysans du voisina-ge. — 26 vend. Le commissaires du district ne peuvent trouver Bonnechose et n'arrê-tent que Le Filleul.

MELICOURT

Membres de la famille de Gastel, sgrs et patrons de Melicourt et de Saucanne :

Louis, marié à Marie-Marguerite le Hou-tier, décédé avant 1707. — Barbe, fille des dits, épouse, vers 1707, François-Eudes de Boistertre. — Jean-André, vivant en 1707, marié à Louise Le Grand. Jean-René-Char-les, marié à Marie-Angelique d'Heullans, assassiné à Saucanne en 1765 ; enfants ; Jean-Henry, 1746 ; Antoine-Louis, 1747, &c.

8 déc. 1737. Alexandre Gervais est im-posé à 6 livres. pour l'occupation du caba-ret de Melicourt, taxé à 100 l. de revenu.

21 oct. 1738. Un pré estimé 10 écus de revenu, est imposé à 3 livres.

1753. Guy Agis, esc^r, sg de St-Denis-d'-Augerons; et Louis Agis, son frère. esc^r, sg^r de Melicourt, fils de feu Louis Agis. esc^r, sgr de St-D. et M., et de Renée de Bonne-chose, leur mère, demeurant à St-D.

4 février 1793. Lettre du curé au procu-reur-sindic du district de Bernay :

« Monsieur.

« Vous allez vous convaincre par le procès verbal de la municipalité de Melicourt,
de la date de ce jou., que l'église de ce lieu
a été dépouillée, la nuit dernière, de tous
ses vases sacrés, ainsi que de tous les vête-
ments et linges indispensablement nécessai-
res à la célébration du S. Sacrifice.

« Il est très urgent de pourvoir au re-
meublement de cette Eglise ; la paroisse sur
chargée d'impositians d'un côte ; de l'autre
la fabrique sans revenu, ni avances, ne pré-
sentant aucunes ressources pour reméaier à
ce mal, je n'ai d'autre parti à prendre que
de m'adresser à vous, Monsieur, et de vous
supplier de vouloir bien, avec l'agrément
de MM. du Directoire, nous procurer provi-
soirement sur les meubles des Eglises et
communautés supprimées dans votre ville,
un calice, une pataine, un S. Ciboire, un
Soleil, deux aulbes, avec les amicts et cein-
tures.

« J'attribue cet horrible dépouillement
plus encore à la malveillance qu'à l'avidité
de s'enrichir ; et je suis d'autant mieux fon-
dé dans cette persuasion, que parmi les effets volés, il y en a beaucoup, dont ces cri-
minels spoliateurs, ue pourront tirer d'autre
avantage que celui de nuire. Quand est-ce
que les Ennemis de la patrie cesseront de
nous faire sentir les funestes effets de leur
rage ?

« Je vous réitère avec instances, Monsieur
ma prière de remédier à notre malheur ;

ce seroit pour moi la douleur la plus profon-
de si je me voyois contraint par la nécessité de passer la journée de demain sans cé-
lébrer dans mon Eglise. Ce seroit un nouveau triomphe pour nos ennemis : le patrio-
tisme ne permet pas de le leur donner.

« J'ai l'honneur, &c.

« MESNIL, curé... »

1790. Jean Mesnil Delahaye, curé.

8 janv. 1726. A Echenfray, contrat de M.
entre Mrs Pierre Le Clert. s^r des Londes,
homme veuf, demeurant à Melicourt, et da-
m^ec Marguerite Le Prevost, esc^r, s^r de la
Touraille... ; témoins : Anne Mauduit veuve
de François d'Aureville, chev^r, sgr de la
Bretière ; François d'Aureville, chev^r, sgr
de la Bretière... ; de Greboual, curé.

LE MESNIL-ROUSSET

Agis, seigneurs du lieu : 1503. Guillaume
1510, Pierre. 1610, Maurice, sgr de Lom-
prey.

Du Boisdelaville, seigneurs du lieu : 1676
François. 1685, Jacques, s^r de Launay. 1759
Pompone. Louise-Antoinette, sa fille. 1788,
François-Pompone, marié à Marie-Louie
d'Hommey.

1702. Confrérie de St-Firmin.
1792. Dechaufour, curé.

MONTREUIL-L'ARGILLÉ

1625. Premier registre paroissial.

1682. Gaspard Erard Le Grix, chev', baron de Montreuil, marié à Marie-Anne de
Buat. — Marie-Anne-Dorothée, leur fille.

1698. 2 portions de cure. Jean Le Picard
curé de la première portion. Tenneguy de
la Rouvraye, curé de la seconde. Eustache
Gobard, vicaire. - Marguerite de Chaulieu,
femme du s' du Val, esc'. - Claire de Chaulieu. L' de la Houssaye, esc', fils de Philippe
et de Louise Le Berseur.

8 mai 1699. Catherine Daureville, fille de
feu Guillaume, esc', s' du Bois, et de Madeleine de Glatigny, se marie à François Gobard. — François Daureville, esc', s' de
Courval, frère de Catherine, marié à Hélè-
ne Leprevost; enfants nés à M.: 1699, &c.

1714. Boschenry, licentié de Sorbonne,
curé de la première portion ; Thomas Duval, curé de la seconde.

1729. Jean-François de la Chapelle, chi-
rurgien. — Gaspard Bataille, archer en la
prévôté générale d'Alençon, demeure à M.

30 avr. 1753. Inhum., dans le chœur, de
Jacques Housset, curé et doyen de M, 72 a'.

11 août 1788. De fréquentss inondations
arrivése cette année, ont dévasté entiére-
ment le bourg. La grande rivière est rem.
plie de cailloux et de vase et même presque comblée dans plusieurs endroits ; plusieurs riverains ont entrepris sur son lit en
faisant construire des murs en mat:èrss et
pierres sèches ou en y plantant trop prés des
bords, de manière qu'elle n'a pas plus de
10 à 11 pieds de large.

Oct. 1791. Lutte des prêtres réfractaires, soutenus par le maire. (f° 24, 5° c.)

17 niv. an 2. Etablissement, en l'église, d'une Société populaire, par 2 délégués de Bernay.

NOTRE-DAME-DU-HAMEL,

(Notice spéciale en préparation).

SAINT-AGNAN-DE-CERNIÈRES

1706. Le curé déclare qu'il connaît environ 50 feux en sa paroisse.

27 févr. 1792. Letard, curé, succède à Elie ; difficultés et procès entre eux à propos des clefs de l'église.

SAINT-AQUILIN-D'AUGERONS

170?. Jacques de la Chapelle, curé ; inhumé dans l'église, le 17 nov. 1753, âgé de 78 ans. — J.-P.-F. Prudhomme, desservant

1755. Michel Le Boulauger, curé ; inhumé dans le chœur, le 15 mars 1769, par le curé de St-Martin-de-Cernières, doyen de la confrérie sous le titre de N.-D. de la Visitation, en présence des Srs confrères de la dite Société, assistés de la Charité de N.-D. du-Hamel. — Le curé de St-Nicolas-des-Laitiers est doyen de Montreuil

Curés : 1769. Lamidey ; 1777. Neuville.

10 déc. 1767. Nicolas Champion, filassier, collecteur porte-bourse pour 1768, expose à l'Intendant d'Alençon que ne sachant

ni lire ni écrire mais seulement signer son nom, il se trouve dans un grand embarras pour faire le recouvrement des deniers à-taille et capitatio de la paroisse. Il demande l'autorisation de recevoir et admettre à sa place son fils, âgé de 24 ans, qui sait lire et écrire.

SAINT-AUBIN-DE-THENNEY

1ᵉʳ nov. 1618. François Folin, prêtre, inhumé dans l'église. Jean Loyr. vicaire.

Le dimanche 13ᵃ jour de may 16.6, vén. et d. p. Mᵉ Jacques Liberge, curé..., mourut en sa maison de Bernay, aïant esté malade plus d'un an des hemorroïdes et après avoir souffert des douleurs indisibles, aïant esté plusieurs foys, fut inhumé vis-à-vis du maistre autel de Ste-Croix de Bernay le lendemain au grandissime regret et perte des paroissiens (de St-Anbin)....., aïant esté curé 21 ans. - Marc Haubert, vicaire en 1642. Le dimanche 12 août 1646, il est reçu en la Confrérie du S. Scapulaire de N. D.-du-Mont-Carmel érigée au couvent des Carmes du Pont-Andemer, par le R. P. Greaume, docteur religieux du dit couvent.

1665-67. Recettes des Pardons : Le jour de Toussaintz, 8 sols 7 d. Noël, 11 s. 4 d. Pasques fleuries, 14 s. Pasques pʳ la Madeleine, 41 s. 6 d. L'hospital de la Charité de Paris, 20 s. 8 d.

3 janv. 1668. Un enfant est trouvé dans un petit parier atttaché à la haie de Pierre Haubert.

— 9 —

15 oct. 1674. In! ., dans l'église, de Jean
Locquet, ci-devant curé des Jonqueretz.

SAINT-DENIS-D'AUGERONS

1737. Eustache de Vauquelin, chev', sgr
du Chesnes et autres lieux, demeurant à St-
Denis-d'A. (Nous pensons qu'il faut lire : St-
Aquilin.)

1777. Date de la croix du cimetière.

Dernier seigneur : M. de la Rouvraye. —
Pierre tombale dans le cimetière : « Cy gît
D^{lle} Louise de la Rouvraye Dumoutier, décédée le 29 mars 1807, dans la 21e année de
son âge. Priez Dieu pour le repos de son
âme. »

SAINT-JEAN-DE-THENNEY

1647. Premier registre paroissial.

1697. Laurent Le Gorgelier, chev', sgr et
patron de St-J.

19 frimaire an 2. Insulte au comité de
surveillance.

SAINT-LAURENT-DE-TENCEMENT

1626. Edmond de la Vallée, esc', s^r du
lieu. Laurent Chagrin, curé. Jacques Let-
trey, prêtre. — 25 juin. Visite de l'archi-
diacre ; il ordonne de faire une image du
crucifix avec les témoins et une image de
la Vierge.

1627. Gages du clerc ; échange du calice ;
réparation du « lieutrin. »

1668. Refonte d'une cloche.

1669. Maurice Edeline, curé.

4 juil. 1665, Edmond de la Vallée, sgr, et son épouse donnent au trésor 3 acres de t.

1634. Laurent Chagrin, curé, donne au trésor 3 acres de terre. Donation de 40 s. de rente par Pasquier Chagrin

1679. Donation de 100 l. par Thomas Boissel, curé.

2 nov. 1669. B. de Françoise, fille de Nicolas de la Vallée, esc., et de Catherine de L'aumosne. Parrain et marraine : Alexandre Duval, esc', de Verneusses ; Françoise Agis, de St-Denis-d'Augerons.

25 oct. Le curé est autorisé à acheter le tabernacle de l'église des Essards.

28 av. 1714. Nicolas Agis, ese', s' de St-Denis, est inhumé dans l'église de St-L.

1720. Jean Gorge, maître papet'er.

22 oct. 1745. Sebastien Laisné, curé, inhumé dans le chœur, par Nicolas Lemonnier, curé de Ternant. — Lemoine, desser'.

1746. Robert Lefebvre, curé ; inhumé le 8 juin 1754, dans le chœur, 56 ans. — J. Lefebvre, desservant, puis J. Ganier.

1765. Peinture des petits autels.

23 juil. 1759. Mariage de Luc Miard, s' de la Blardière, licentié aux lois en l'Université de Caen, avocat au P. de Paris co'' proc' et avocat du roi au bailliage de Montreuil et Bernay, fils de feu Pierre-Gui, avocat au P. et Marie-Marguerite de Manoury, — avec Marie-Catherine de la Vallée, fille de Louis, sgr du lieu, et de feue Anne Thouroude. Témoins : Charles de la Vallée, éc',

sgr du lieu, grand-père ; Louis, père ; Louis Pierre et Jean-Baptiste, frères ; Louise, tante de l'epouse ; Marie-Margue.ite Miard ; Marie-Anne et Olympe, 3 sœurs de l'époux.

7 nov. 1784. Les paroissiens autorisent Jean Vavasseur, trésorier, à échanger avec Laurent Chagrin, marchand, une pièce de terre appartenant à la fabrique. — 13 janv. 1786. Contrat de cet échange.

20 mai 1790. Bénédiction de 2 cloches.

5 fév. 1792. Inhum. de François Chagrin, fils de feu Jean, 54 ans, ancien maire et agrégé à la Confrérie du St-Sacrement.

31 oct. 1792 et 28 floréal an 4. Laurent Chagrin achète le presbytère et autres dépendances de la cure.

SAINT-PIERRE-DE-CERNIÈRES

1711. Réparations au presbytère. Dépenses : 750 l. environ.

1er oct. Les paroissiens élisent un sindic de la confrérie du St-Rozaire.

16 juin 1727. Délibération sur les réparations des murs du cimetière et celles urgentes de l'église. Alleu à Pierre Dufour, maçon.

1737. Avis à MM. les curés de St-P.-de-C. concernant le bénéfice. — Cette paroisse voisine de St-Agnau-de-C., Montreuil et St-Martin, n'a point d'autre étendue du côté de St-Agnan par le chemin de Pierre Du Clos, descendant par la barrière du petit Cernières touchant en ligne directe au moulin à foulon, traversant ensuite la prairie, passant derrière le jardin de Gibori et joignant le bout du bois des Duranlas, allant toujours directement jusqu'au chemin qui sépare le diocèse d'Evreux de celui de Lisieux. — En montant du côté du Hamel, le chemin est la séparation de Montreuil et de Cernières. Cette paroisse disme jusqu'à une sente venante de Montreuil à St-Martin-de-Cernières et coupe les bois et va se rendre à un chemin qui passe derrière les murs de M^r le curé de St-Martin, murs qui enferment son jardin. — Ensuite son étendue va jusqu'à la rangée de devant la maison de St-Jean, laissant Bocoyillon (?) à côté la rangée, tombe ensuite dans le chemin qui va à la maison du nommé le Cœur et partage avec St-Agnan une pièce de terre, jusqu'à une épine une passée les bois de S. Jean, jusqu'à ensuite le village du Buisson, coupe la cour de Boulan qui aboutit à une sente tendante au bois Deslandes.

2 juin 1740. Sentence de la cour ecclésiastique du diocèse d'Evreux contre les frères de Charité en faveur du curé Félix Lefebvre.

1772. Façon des armoires du presbytère. — 27 mars. Le St-Sacrement a été acheté à Caen, de hasard, par M. de Vascogne, curé de St-Jean de Caen, 112 l.; il a été payé par le haut de l'ancien soleil 22 l. 2 s. 6 d. dont le pied est resté pour le St-Ciboire. Pour cet achat, Mme de Cernières a donné 38 l., le trésor a donné 18 l., le reste à la charge du sieur curé. — Fait une croi-

— 33 —

sée neuve au midi à côté le petit autel ; p¹
yé 73 l. En mars, la seconde croisée de la
nef a été agrandie.

Curés de St-P.-de-C. : Blaise Martin, 1610
— Christophe Pymor, 1616. — Franç* Rei-
gnier, 1656. — Jacques Roussin, 1668. —
Bertrand, 1670. — Gille de Nollent. 1670.
— Pierre Guesnier, 1690. — Nicolas Gas-
nier, 1703. — Jean-Baptiste Gasnier, 1718.
— — Bence, 1720. — Félix Lefèvre, 1737. —
Bonneville, 1769. — L.-J, Elie, passé à la
cure de St-Agnau, en 1773.

La Charité a été supprimée en 1789 par
M. Delaval, curé, et rétablie en 1791 par M.
Masse, prêtre, originaire de Sainte-Croix de
Bernay, premier curé constitutionnel de C.,
et qui fut nommé échevin de la dite Charité
sitôt qu'il l'eut rétablie.

1er floréal an 3. Une affiche informe trou-
vée à l'arbre de la liberté, est envoyée par
le juge de paix à l'agent national de l'administration du district révolutionnaire de
Bernay. Au Hamel, à la Roussière, à Lau-
rent-du-Tencement, dans les nuits on a
coupé les arbres de la liberté ; enquête né-
gative.

SAINT-QUENTIN-DES-ILES.

1682. Premier registre paroissial.

16 août 1708. Ouverture du tronc de la
Vierge ; on y trouve 13 l. 17 s. quêtés par
la femme de Cabriel Morin, reine de l'année

22 oct. 1732. Un jeune garçon de 8 à 9
ans tombe et se noie dans la rivière.

2 janv. 1736. Un soldat ou milicien est
trouvé noyé dans la rivière de M. de St-
Quentin.

3 mars 1739. Un enfant de 8 à 9 ans est
trouvé noyé au pied des esseaux du Fay.

22 août 1752. Louise de Hardouin, 72
an , fille de feu Antoine et N. Lefèvre, décédée au château de Jacques-Antoine de
Hardouin, éc', sgr et patron du lieu, est inhumée dans le chœur, le long de la muraill-
le du côté de l'évangile, par Aignan de Marg
et de St-Ouen, prêtre, docteur de Sorbonne, curé de Grandcamp. Curés témoins :
Piel (St-Nicolas-du-Bosc-l'Abbé) ; Gallois
(St-Clair) ; Lamidey (Ferrières) ; Pecquet
(Les Jonquerets).

9 juin 1753. Inh. de Madeleine de Har-
doin, 78 ans, sœur de la précédente 4 curés
témoins ; Boisgruel (Thilleul-Fol-Enfant) ;
Girette (St-Aubin-le-Vertueux).

22 déc. 1758. Jacques de Hardouin, 89
ans, sgr du lieu et frère des précédente ,
est inhumé dans le chœur, devant le grand
autel. — 14 oct. Mariage de Jacques Dirla-
de, éc', 34 ans, fils de feu Antoine, cheva',
sgr du Bosc-le-Comte, et de feue Henriette
Le Prevost, demeurant à St-Martin de Jivet-
et-en-Ouche, — et Anne-Françoise Cauvin,
45 ans, veuve de Nicolas de St-Martin, sr du
Bosc-l'Abbé... Dirlande, curé de la Couture.

10 juillet 1763. Inh., dans le chœur, de
Noëlle de Hardouin, dame et patronne de
la paroisse, fille de feu Antoine et de Madeleine Lefèvre, décédée hier, en sa ma-

...e seigneuriale, âgée de 82 ans. 8 enf's
te1. o..s : Beauvais (St-Aubin-le-Vertueux) ;
Louis Jacques (St-Quentin) ; Le Marchand
(Livet) : Le Noblet, prieur du Bosc-Morel ;
Courdemanche (Granchain), &c.

1768. Thomas-Alexandré de Hardelay,
écuyer de N.-D. de la Couture de Bernay,
et Marie-Madeleine Dirlande, parrain et m.

14 nov. 1769. Mariage de François-René
Gallery, écuyer, avec Marie-Madeleine Dirlande, fille de Jacques, écuyer, sgr et patron présentateur de Collandres, Louversey
et autres lieux, et de feue Gabrielle Foes-
nard. Témoins : Louis-Alexandre Dirlande,
éc', frère de l'épouse ; Dirlande, curé de
Duclerc. C.-F. Florent, curé de St-Quentin.

3 août 1779. Visite des registres après la
mort du curé.

1790. Etienne-Victor Lefeb.re, curé. Revenu : 1550 à 1600 l., plus une acre et demie
de terre de labour ; une demie acre de mé-
diocre prairie ; 3 acres de bruyères dont
une bonne demie acre est fort peu plantée

Epoque révolutionnaire, (Voir notes pu-
bliées dans le « Bernayen », en 1883).

LA TRINITÉ-DU-MESNIL-JOSCELIN

1655 Premier registre paroissial. — Saturnin
D'Hommey, curé.

16 juil. 1656 Marie Le Forestier, fille de feu
François, esc', s' du Boulay. Millaye, épouse
François de Moucheron... Témoins : Jean Du-
val ; Pierre Bonnegent, prêtre, Robert Le Fo-
restier, esc', s' de Millayé ; Constantin de la
Houssaye, esc', s' de la Couture.

1656. Nicolas de Franqu ville, escr, sr de
la Diennerie (fief près l'église)

1559. Guillaume Pinczaize, diacre. Pierre
Bonnegent, prêtre. Mre Guillaume de la Porte. Pierre Adline, chapelain, de Chambrais.
Jacques Symon, vicaire. — 16 juillet. Baptême d'un enfant naturel, des œuvres de Phi.
lémon de Louvigny, escr, sr de la Marette;
parrain : Charles de Bonneville ; marraine
Marie de Louvigny veuve de Guillaume de
Bonneville, ecr, sr de Laval, de cette paroisse ; la dite marrraine s'oblige de bien
et dûment en indemniser et décharger les
paroissiens et habitants, et pour leur sûre-
té, obligé tout son bien pour la nourriture
et aliment du dit enfant jusqu'à ce qu'il
ait atteint l'âge de raison,

1656. Jean Duval, chapelain de la Charité.

8 oct. Baptme de Pierre fils de Nicolas de
Franqueville, escr, sr de la Diennerie, et
de Elisabeth le Noury. Parrain : François le
Forestier, escr, sr du Boulé, de cette paroisse ; marraine : Marie Morel, épouse de Noël
Allart, escr, sr de la Houssaie, de Grandcamp.

25 août 1661. Inh. de Elisabeth, fille de
Jean de Bonneville, escr, sr de la Boulaie,
et de Charlotte de Hethou.

28 août 1663. Jacques Peullevey, curé
de St-Vincent de la Rivière, chapelain de la
Charité.

9 mars 1668. Sentence du bailli d'Orbec
condamnant Morice Plouin de subvenir à
l'entretien et nourriture de l'enfant de Mar-

guerite Sauvale, comme étant de ses œuvres
1669. Olivier Le Peltier, prêtre habitué.
1672. Gabriel Masson, prêtre.
1675. P. Joly, prêtre, desservant. Michel
Auvray, curé.
1676. Le Forestier, escr, sr du Boulay Mi-
lay, inhumé dans l'église.
16 mars 1677. Pierre de Franqueville fils
de Nicolas et de Le Noury, inhumé dans
l'église.
1680 Pierre Joly, prêtre. Claude Deshayes, chapelain.
18 oct. 1682. Assemblée des paroissiens
en forme de commun pour nommer des collecteurs, un pour la haute échelle et un pour
la basse échelle, auxquels ils ont donné pouvoir de cueillir les deniers dus, les porter en
recette et en décharger valablement la paroisse. 4 signatures et une marque. — 22
nov. Assemblée pour enrôler 2 paroissiens.
2 signatures et 2 marques.
3 oct. 1684. Nomination de 2 collecteurs
pour 1685. 4 signatures et 2 marques.
29 mai 1684. Mar. de Nicolas de Franqueville, escr, fils de Nicolas et de Le Noury, avec Marguerite Dirlande, fille de feu
Louis, escr. et de Catherine Le Masson, d'-
Alenon.
23 mars 1691. Robert Le Forestier, escr,
sr de Millay, inhumé dans l'église de Saint-
Vincent-de-la-Rivière.
1701. Jean de Franqueville, prêtre, marie
Jean Le Prévost, de S -Martin-de la-Crout-
te, avec Magdeleine de Franqueville. — Mᵉ
Jacques Belin, chapelain de la Charité.

29 mars 1712. B. de Marie-Marguerite de Chaulieu, fille de Jean-Jacques, esc', et de Marguerite de Franqueville. Marraine : Marie-Magdeleine de Chaulieu, de Montreuil. — Nicolas le Noury, curé du Val-du-Theil,

1713. Michel Hamel, vicaire. — 31 juil. B. de Nicolas de Chaulieu, fils de Jean-Jacques & de Franqueville. Parrain et marr° : Nicolas de Garancières ; Claire de Chaulieu

26 août 1714. B. de Marie-Marguerite de Chaulieu, fille des ci-dessus. Marraine : Marie-Elisabeth de Franqueville, épouse du s' Jacques Champion, archer.

5 mars 1719. Thomas Trousson est élu sindic pour 3 années. - 12 mars. Pleins pouvoirs lui sont donnés pour répondre au procès intenté contre les habitants par Pierre Champion, collecteur porte-bourse et ses consorts.

9 septemb. — Gabriel de la Fosse est inhumé dans l'église, — 10 nov. Guillaume de la Fosse, prêtre, est dérôlé ; on enrôle la veuve de Simon Tasset, faisant valoir la dîme de l'abbé de St-Evroult, sur le pied de 2 sols pour livres, et depuis réduit 30 liv. 11 sign et 4 marques. Louis Dutheil, dess'.

1732. Bavoiry, curé. — 27 oct. Nota. Le corps du dit Pierre d'Alopin a été porté par le chemin qui vient de la Durière à l'avenue de M. de Réville qui tend de la gauche à Chambrois et de la droite à Montreuil et à 7 ou 8 pas avant ou vers l'église à partir dud. sur la gauche et à venir gagner le long du parc au mesme du tracé de l'ancien

ç emin par où l'on a de tous temps passé
et par conséquent le corps mortel du costé
de la Darière et non par le nouveau chemin
établi par M' de Réville il y a environ dix
ans, le tout attesté par nous soussignés vé-
ritable comme dessus et sans aucune con-
testation.

1735. Nicolas Joly, desservant. Duhamel
curé. — La Trinité-du-Mesnil-Josselin-en-
Ouche. — 29 avril. Pouvoir donné au trésorier de poursuivre la jouissance d'une pièce de terre aumônée par Mlle de la Boulaye.

1743. Lecultier, religieux cordelier.

1754. Nicolas de Bonneville, vicaire de
St Agnan-de-Cernières. Boucher, vicaire.

1793. 194 habitants.

14 germ. an 2. Jean-Baptiste Vallée déclare cesser les fonctions ecclésiastiques —
Inventaire des meubles et ornements.

20 vend. an 3. Marie Boivin femme de
Nicolas Malenguerey demande la tenue d'-
une école ; on lui répond que l'instruction
publique de la commune est réunie à celle
de Montreuil.

28 frimaire an XI. Inventaire du mobilier de l'église ; on ne trouve qu'un grand
graduel et un grand antiphonier ; tous les
autres meubles ayant été vendus. — L'é-
glise du Chamblac avait aussi à peu près
tout perdu.

Lieux dits : Le Val de Bray. Le bois des
Communes. La Marnière. La Campagne des
Friches. Les Vannes de Milet. Le Mesnil.
Le Boulay. La Haute-Prise. Les Fossettes.

Les Jolies. L'Etigot Le Parc-Buisson. Les
G cheux. Les Villequiers. Les Bochiaux.
L Haut-Village. La Fosse-Madame. e che-
min de Laigle. La Croix. La Fosse-Maçon.
Le Petit Orme. Les bruyères communales.
Ravin de la Roche-Mancel Les Cailloux.
Les Rocherelles. La Mare-Gauquier Le
Grand-Clos.

RÉVILLE

1649 Premier registre paroissial.

1671. Charles de Hetchou, escr, sr du Saussay. — Marie Le Prévost, épouse de Pompone
de Buat. escr, sr de Réville.

1674 Jean Pompone, escr, sr de Révile.

117*. Jean-Baptiste Du moulin, curé. Robert
Dumoulin, prêtre, gradué en l'Université de
Paris

8 fév 1679. Mariage de Charles de Hetchou,
esc, sr du Saussay, fils de feu Charles, et de
Françoise de Bonneville, avec Marguerite Dirlande, fille de feu Gilles, escr, sr d'Abenon, et
de Marguerite de Maillet. Témoins ; Pierre Dau
reville, curé de St-Laurent-des-Grez ; Jean-F*
Vivier (?), sr du Tilleul ; Charles Deschamps,
escr, sr de la Fées (?) ; Jean-François Dirlande

1680. Lafosse, curé.

25 avr. 1681. Bapt de Hetchou. fils de Charles, écr, sr du Saussay et de Dirlande. Parrn :
Marin de Glatigny ; marraine : Marie Daureville, épouse de Charles de Hetchou, écr, sr de
Noirval.

1680 Jacques du Buat, escr, sr de Garnetot.
Anne Erard Le Gris.

1686. François du Buat, escr, sr de St Jean.
— 28 oct. Bapt. de Simon-César du Buat, fils
de Jean-Pompone, esc, sgr chevalier de Réville, et de Marie-Ursule Erard Le Gris. Parrain :
Nicolas-Simon Arnauld marquis de Pompone,
colonel d'un régiment d'infanterie ; marraine :

Anne Dorothée du Buat, marquise d'Eschauf…

3 septemb. 1682 Mariage de Charles du B…, escr, sr du Ches… avec Charlotte de Hetchou, fille de feu Charles. — Octobre. Mariage de Françoise, fille de feu Charles, avec Nicolas Le Rey. Témoins : Charles et Robert de Hetchou. — Nombreux actes de baptême, ceux de Buat et de Hetchou.

1681 Mariage de Maurice Daurevil'e, escr, sr de la Framboisière, avec Marie de la Rouvraye. Témoins : François Daurevle, escr, sr de la Bellardière ; Henry de la Rouvraye, escr, sr des Fontaines ; Jacqueline de Normandel.

6 oct. 1688. B. de Henry-Charles du Buat fils d'Jean et de Le Gris. Parrn : Charles Arnauld de Pompone, abbé commandataire de S.-Maixent ; marraine : Marie Le Prévost veuve de M. le marquis de Montreuil

1693. Louis et Marie du Buat, parrain et marraine.

1691. François Daureville, escr, sr de Courval, parrain.

23 janv. 16.. Tannegiy de la Rouvraye, curé de la 2e portion du bénéfice de Montreuil, fait la réconciliation du cimetière de Réville pollué par effusion de sang humain, répandu par violence commise dans le dit cimetière.

1696 Simon-César du Buat ; Suzanne-Daniel-Anne du Buat, parrain et marraine. — 1702 1er Henri du Buat Réville. — 1706 Anne-Dorothée du Buat de Réville, Jacques de Hetchou. — 16 juin 1708 B. de Marie-Anne, fille de Louis de Hetchou et de Anne du Thenney, François de Hetchou ; Marie de Normandel, parrain et mar.

1723 Barré, curé. — Le chemin royal. Le seigneur avait fait édifier le chemin d'en-bas ; mais aux inhumations, le clergé avait soin d'indiquer que le corps avait passé par un autre chemin, probablement à cause d'un droit féodal.

1758 Querey, prêtre. — 1761. Le Bis, curé.

28 juillet 1764. B. de Barbe-Charlotte-Anne, fille de Jean-Jacques Bertin, écr, chvr, sgr du Vallequerquier, et de Marie-Anne Le Feron

de 'a Bronze. Marraine : Barb. Dodays d ···
·· Reville, accompagnée de m··· Cha¦··.·· er,
tin, chvr, sgr. de la Noë, Lieutenant géé·l
d'épée au baillage d'Argentan.

1763. Buisson, curé ; son neveu Buisson,
vicaire à St-Aubin-le-Guichard. — Victor
Héritel, curé de St-Agnan.

1766. Desservants : J.-C.-F. Duperchy,
puis Delalande. — 24 janvier. Jean-Baptiste Buisson, curé, 80 ans, inh. mé dans le mi-
lieu du chœur, par Fournet, curé du Bois-
normand, doyen de Lyre.

1767. Dieusy, curé. — François Lemaî-
tre, vicaire de St-Agnan.

26 févr. 1770. Mariage de Nicolas Hamel,
33 ans, garde de M. le duc d'Harcourt, et
Marie-Françoise Buschey, fille de Louis-
Georges Buschey, conseiller du roi, lieute-
nant particulier civil et criminel au bailla-
ge de Montreuil et Bernay, et de feue Marie
Jeanne Froger, de la paroisse du Hamel.
Témoin ; François-Louis Buschey, garde du
roi ; il signe : Buschey Desnoes. — 13 juill.
Visite de l'église par le doyen de Lyre, J.
Fournet, curé de St-Julien du Bois-Normand.
— Jean-Baptiste-Léon Dieusy, curé.

1771. Delaval, vicaire de St-Agnan.

1769. Dans la nuit du 6 au 27 février, as-
sassinat de M. de Reville et de son cocher.

5 août 1769. B. de Jean-Baptiste-Cyprien
Bonnet, fils de Cyprien-Alexandre-Robert
Roussel, é²ʳ, sgr et patron de Cintray, la
Pointillière, la Journevraye. le Petit-Hôtel,
sgr et patron honoraire de St-Léger-de-Ré-
ville et en partie de Ste-Colombe-sur-Rille,

et de Catherine-Françoise Bonnet. Parrain:
Jean Alliot, s^r du Beau-Renou, avocat en P.
Marraine : Jeanne-Angélique-Perrinne Bon-
net-Roussel; signé : Jeanne Roussel. — Le
Boulanger, curé de St-Aquilin.

14 fév. 1770. L'enfant Bonnet Roussel ci-
dessus, est inhumé dans le cimetière.

17 nov. 1785. Guilaume Le Bis, 67 ans,
curé, est inhumé dans le cimetière par le
curé du Hamel, doyen de Montreuil. Curés
témoins : Charles-Alexandre Gasnier (Montreuil); Pierre Dossin (St-Aubin-de-Then.);
Douis (St-Martin-de-C.); Delavier (St-Pier-
re-de-Cernières), &c.

179.. Goupil curé, jusqu'en juin 1791;
puis Boulaye, en novembre 1791.

Lieux dits: La Peulevière. La Francar-
dière. Les Nerveaux La Bataillière. La
Terre de la Durière. La Durière. Glatigny.
Le Heblet. L'ancien chemin d'Alençon. Le
Bois Belloir. Le petit Réville. Le Moulin à
papier. Villaye. Le Saussé La Coquerie.
Les Prés de Réville. La Béonnière. Le Ha-
mel. Les Prés du Moulin.

VERNEUSSES

1672. L'aisnesse Desmont dépend de la
« barronnye » de Verneusses appartenant
à Messieurs les abbé et religieux couvers
de l'abbaye de « Sainct Ebvroult ».

Fondations au trésor de l'église, à char-
ge de prières: 17 fév^r 1508, Jean Mesnil. 7
juin 1557, Jean Houssay. 24 juin 1573, Mathieu Lesage. 17 oct. 1591, Charles Gallay,

Iᵉʳ fév. 1627. Jeanne Rincent. 20 déc. 1659
Clément Musset. 7 nov. 1660, Marie Michel.
22 juil. 1680. Michel Mesnil. 11 juin 1681,
Jacques Lejuif. 26 nov. 1666, Fostin Lesage, 18 nov. 1704, MM. d'Avrilly. 22 mai
1713. Marie Guérin. 5 déc. 1718, Jean Vavasseur. 29 septbre 1721, Dutertre. curé, 17
nov. 1727, Pierre Maré. 21 sept. 1789, Marie Dubois donne 3 pièces de terre affer-
mées pour 13 l.

28 sept. 1699. Fieffe d'une place de banc
simple, dans la nef, à Antoine Dufour, sʳ
de la Parquerie, et Anne Morel, sa femme,
moyennant 32 sols de rente.

1649. Philbert Le Michel, escr, sr de Bor-
deaux ; Charlotte de Bouillonné, sa veuve.

1686. Mariage d'Alexande Le Michel, écʳ
sʳ d'Aurilly, avec Anne Le Gouhier ?

28 oct. 1693. B, de Françoise, fille de
Laurent Baril sgr honoraire de Ste-Marie.

26 févr. 1694. B. de Pierre-Charles Barré
fils de Michel, escr, sr du lieu, et de Marie
Duchesne. Parrain : Pierre Barré, éc, sr du
Hameau-Goubert ; marraine : Madeleine Ha-
yot. épouse de M. du Mesnil Reynad ?

24 mai 1710. Testament de Jean Vavasseur.

18 août 1711. Testament de Pierre Frère ;
il demande à être inhumé en l'église, proche Catherine Lettré son épouse ; il donne
à l'église un missel valant 10 l.. un devant
d'autel valant 20 l. pour l'autel de la Vierge, avec une chappe valant 60 livres ; après
son inhumation il sera distribué aux pau-

vres de la paroisse la somme de 10 livres,
et aux autres qui se trouveront hors paroisse la somme de 40 sols ; il donne 288 liv.,
pour ces choses, à charge de prières ; son
exécuteur testamentaire sera Charles de la
Vallée, escuyer, sgr de St-Laurent, son ami.
Pierre Frère est en pension chez le curé.

6 nov. 1714. Assemblée des paroissiens,
pour donner en rente l'argent du trésor.
Pierre Lesage, trésorier. — Jean-Baptiste
Le Michel. escr, sr de Tournay. — Contes-
tation entre le curé et Alexandre Duval,
escr, sr des Vaux, à propos de la dixme de
ses fruits ; supplique du curé à l'Intendant.

12 août 1711. Testament d'Elisabeth Le-
clerc ; donation à l'église.

1718. Registre des Sœurs de la Confrérie
de Sainte Barbe. Barbe du Val, sœur en
charge en 1717. Marguerite Lesage rend le
bâton en 1718.

18 mai 1721. Alexandre Vallée, trésorier,
est autorisé à faire viser 3 billets de ban-
que étant au trésor et se montant à 120 liv.

6 avr. 1724. B. de Jean-Louis, fils de Gille de Gouhier, écr, sr du lieu, et de Margue-
rite-Charlotte Bonnenfant ?

2 nov. 1723. Jean-Baptiste Le Michel,
écr, sr de Tournay, 53 ans, inhumé par la
charité de Montreuil.

1729. Philippe Vallée, trésorier. Réparations au clocher et à la croix du cimetière ;
pavage de l'église.

1731. Un orme et un merisier sis sur le
cimetière, et un bout de plante à arracher,

s nt a jués pour 13 l. 10 s. à Pierre Des-
jardins.

1752. François-Louis Douesy, écuyer et
patron Dollandon. Marie-Jeanne-Françoise
Douesy Dollandon, de cette paroisse.

1755 Jean Poulvé, papetier.

13 mai 1783. Par devant le notaire du roi
au baillage de Montreuil, sous le portail de
l'église de la paroisse de St-Jean (sic) le
Verneusses, s'assemblent les curés suivants
François Regnis (Le Hamel) ; Antoine-Fr.
Corblin (Heugon) ; Ursin Desperiers (Mon-
nay) ; Cuillaume Le Bis (Réville) ; Guillau-
m.e Cardon (Le Douet-Artus) ; Alexandre
Gasnier (Montreuil, seconde portion) ; Jacques Housset (Montreuil, première portion);
Charles-Nicolas Lerouge (St-Martin-de-Boq-
ensay): Pierre Chaumont (St Nicolas-des-Lai
tiers) ; Jean-F. ançois Naudin (La Goulafrière) ; François Neuville (S-Aquilin-d'Angeron); Estienne Duchesnes (St-Pierre-des.
Essarts) ; Louis Mesengo (St-Denis d'Augeron) ; Guillaume-Louis Douenard (St Ger
main-d'Aulney) ; Pierre-Alexandre Le Mercier (Ternant) ; Louis Delaporte (Le Sap-
André), formant en partie le doyenné de
Montreuil, nomment le sieur Silvie, curé de
N.-D.-des-Prés (absent à cette délibération)
pour les représenter à l'Assemblée qui se
tiendra au palais épiscopal de Lisieux, le
20 du présent mois, pour procéder en la
manière accoutumée à l'élection d'un député des curés à la chambre diocésaine. Fait
et passé présence de Jacques et François

V.clin, co·d·nniers, témoins. — Jean-Ba.·-
t·ste Dau, curé de Ve·n·u·ses.

19 germ. an 2. François-Alexandre Morin, de St-Denis-d'Augerons, est, par arrêté
de l'administration de Bernay, nommé com-
missaire pour le séquestro des biens des] è-
res et mères des émigrés. F. Guérin, maire.
— Jean Marais, trésorier de la ci-devant fabrique, rend ses comptes ; recettes 1,497 l.
11 s. 7 d ; dépenses : 898 l. 3 d. ; il remet
aussi 47 pièces d'écritures en parchemin et
un vieux registre de comptes ; les linges et
autres meubles de l'église ont été portés au
directoire du district. — Pétition est pré-
sentée au directoire du district par Jean et
Nicolas Lesieur, fermiers des terres de Bor-
deaux séquestrées sur Eustache de Vauquelin, d'Augeron. — 30 floréal. Adjudication
aux voix et plus bas enchérisseur pour faire les fosses pour enterrer les morts. L'enchérisseur sera tenu de sonner tous les jours
de décades au moins un quart-d'heure à
l'heure indiquée par le maire et à tout autre jour en cas d'événement et de besoin.
Jacques Duval, enchérisseur : 2 l. 4 s. pour
chaque enterrement et pour le « sonnage »
9 l. 18 s. par an. 8 hommes seront requis
quand les morts seront depuis la route jusqu'au bout de la commune. — 3 prairial.
Petit, papetier à St-Denis-d'Angeron. — 30
germ. Jean Lesage est nommé salpêtrier.
Jean Pitard et Simon-François Decaux sont
élus commissaires pour faire les tableaux et
la vérification des pères, mères et autres

qui reclament des secours, ayant des parents
au service de la République. — 9 flor. Ré-
censement des cochons. — 17 id. Réquisi-
tion de 7 chevaux.

LES ESSARDS

27 juin 1646. Plés de la seigneurie Des-
sars tenus au manoir seigneurial.

1653. Regnay Desaunets, curé.

1611. Christophe de Thiesse, escr, sgr dés
fiefs nobles terres et seigneuries de la Harillière, Monfort, les Sas, la Planche et autres
terres. — Le bois des Saux.

Curés : 1684. Amiard; 1717 Jean Leces-
sr, inhumé dans le côté droit de l'église, le
18 janvier 1733, âgé de 69 ans; François
Joncquet, desservant, inhumé dans le cimetière, le 12 mars 1733, âgé de 50 ans; 1734
Jean-Baptiste Lesieur, curé de la paroisse
de N.-D.-de-la-Couture de Bernay, entre en
possession du bénéfice-cure des Essar s le
1er janvier 1744 jusqu'au 9 février 1747 ;—
Jacques Amiard, inhumé dans le cimetière,
par la charité de Heugon, âgé de 58 ans ;
Louis Vattier, inhumé au pied de la croix
du cimetière, par la charité de N.-D.-du-Bois
le 24 janvier 1779, âgé de 59 ans; 1811 Duchêne. La paroisse est du diocèse de Séez.

1693. Revenus du trésor : 40 s. de rente
de donation faite par Ruaux Guilbert. 1629;
3 l. de rente aumônées par feu Me Pierre
Desaunés ; 55 s. de rente aumônées par feu
François de Malvoué ; 5 l. de rente, dona-

tion par Anne Levavasseur, **8 mars 1671** ;
8 l. de rente par Guillaume **Champion** ; une
demie acre de terre labourable **affermée** 7 l.
Total des revenus : 27 l. 15 s., sur quoi il
faut payer au curé 14 l. pour les charges
des dites donations.

6 septbre 1698. Mariage de Marie-Anne
Morin avec Guillaume de la Vallée, esc^r, s^r
de Tronçon, de St-Cir-de-Salerne.

10 oct. 1699. Baptême de Marie-Anne de
la Vallée, fille des précédents. Parrain : M^e
Philippe Morin, esc^r, personataire de Plas-
nes, de cette paroisse des Essards ; marraine : Anne Du Chapelet, de Heugon.

29 avr. 1720. Antoine Richard, s^r de la
Bedanière, officier de feu M. le prince de
Condé inhumé dans l'église, 82 ans.

10 juin 1720. Jacques-Rodolphe du Cha-
pelet, esc^r, s^r du lieu, fils de feu Gabriel,
chev^r, sgr de Mailbois, patron haut-justic^r
du Sap-André et de la Goulafrière, et de
Françoise Le Journaut, se marie à Jacque-
line Le Cornu, fille de Daniel esc^r, s^r du
Chesne et de Catherine de St-Aignan, de-
meurant à la Goulafrière. Témoins : Le Cor
nu de la Tenessie ; Le Cornu du Chesnay.

5 juillet 1723. Charles-Alexandre de Rou-
ves, esc^r, sgr de la Heugoire, fils de Charles, et de Geneviève Le Conte, demeurant
à Chambort, se marie à Françoise Le Cornu, fille des précédents. Témoins : François
Charles-Henri de Rouves, frère de l'époux ;
Charles Le Conte, esc^r, sgr de Gisay, cou-
sin-germain de l'épouse ; J.-R. du Chapelet

17 mai 1731. Claude Duval se marie à Catherine Richard, fille de feu Antoine, sr de la Bedinière, et de Catherine Le Mercier.

21 août 1736. Robert-Antoine Paulmyer, officier de feu M. le prince de Condé, mort au hameau de la Nouette, paroisse de Verneusses, est inhumé dans l'église des Essars proche l'autel de St-Blaise.

21 avr. 1736. Catherine Le Mercier, veuve d'Antoine Richard, 78 ans, est inhumée dans la nef.

1811. Duchêne, curé. La paroisse appartient au diocèse de Séez.

Seigneurs du BOIS-HÉBERT (Verneusses)

De la Rocque : Robert, marié à Louise Le Monnier, *mort avant 1682 ;* — Jacques, fils de Robert, marié à Elisabeth de Vigneral ; mort en 1688 ; — Jules-Armand, fils de J., marié en 1706 à Catherine-Antoinette de la Vove, fille du baron d'Echenfray ; mort en 1724, ruiné. — Le domaine du Bois-Hébert est acquis par Harou d'Honneville dont la fille, Marie-Anne, épousa, vers 1741, François Le Cornu, chevr, sgr du Bimorel, président à mortier au Parlement de Normandie ; sa fille, Françoise, épouse, vers 1779, Jacques-Pierre-Louis-Antoine de Haillèy, chevr, sgr du Perron, la Voillière, Coulimer, Bure, &c., auquel elle apporte la seigneurie du Bois-Hébert.